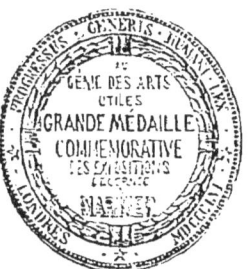 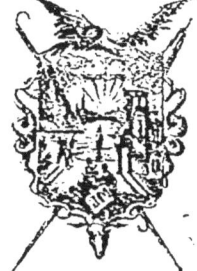 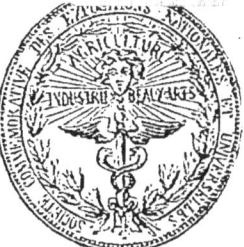

MARQUE DE FABRIQUE — DÉPOSÉE — LOI DU 3 JUIN 1857

PHOTO-MAGIE

MEMENTO POUR OPÉRER SEUL

SANS AVOIR AUCUNE NOTION DE

L'ART PHOTOGRAPHIQUE

AVEC FIGURES EXPLICATIVES

PAR

J. MARINIER

PHARMACIEN-CHIMISTE DE PREMIÈRE CLASSE
Membre de plusieurs Sociétés savantes.
FAUBOURG SAINT-MARTIN, 35, PARIS

Prix : 2 fr.

MAISON CENTRALE DE PHOTOGRAPHIE

STÉRÉOSCOPIQUE ET PITTORESQUE

Épreuves sur papier et sur verre, noires, coloriées, dioramiques
Albums artistiques, Stéréoscopes, etc.

LABORATOIRES PORTATIFS, BOITES PHOTO-MAGIQUES
PIEDS DE CAMPAGNE ET MANIPULUM

Collodion MARINIER instantané, inaltérable. — Bains et plaques préparés d'avance. — Produits chimiques spéciaux. — Articles nouveaux pour voyages, etc.

COMMISSION — EXPORTATION

1861

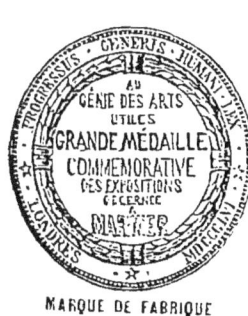 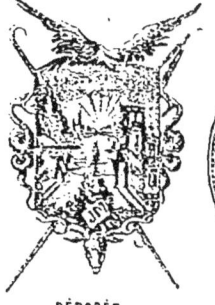 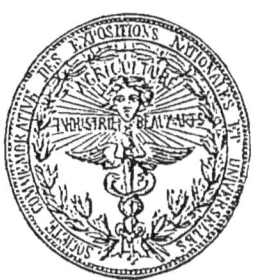

MARQUE DE FABRIQUE — DÉPOSÉE — LOI DU 3 JUIN 1857

PHOTO-MAGIE

MEMENTO POUR OPÉRER SEUL

SANS AVOIR AUCUNE NOTION DE

L'ART PHOTOGRAPHIQUE

AVEC FIGURES EXPLICATIVES

PAR

J. MARINIER

PHARMACIEN-CHIMISTE DE PREMIÈRE CLASSE
Membre de plusieurs Sociétés savantes.
FAUBOURG SAINT-MARTIN, 35, PARIS
Prix : 2 fr.

MAISON CENTRALE DE PHOTOGRAPHIE

STÉRÉOSCOPIQUE ET PITTORESQUE

Épreuves sur papier et sur verre, noires, coloriées, dioramiques
Albums artistiques, Stéréoscopes, etc.

LABORATOIRES PORTATIFS, BOITES PHOTO-MAGIQUES
PIEDS DE CAMPAGNE ET MANIPULUM
Brevetés s. g. d. g.

Collodion MARINIER instantané, inaltérable. — Bains et plaques préparés d'avance. — Produits chimiques spéciaux. — Articles nouveaux pour voyages, etc.

COMMISSION — EXPORTATION

1864

Paris. — Typ. Walder, rue Bonaparte, 44.

PRÉFACE

En écrivant ce fascicule, mon intention est de généraliser la photographie et d'en faire un passe-temps agréable, à la portée de tout le monde. Sous le nom de *Photo-Magie*, je comprends une méthode facile et simplifiée dans la série des opérations nécessaires à l'obtention des images que l'on voudra collectionner, comme *portraits, paysages, reproductions de tableaux, objets d'art*, etc., obtenus d'après nature en quelques secondes.

Des moyens spéciaux et des formules éprouvées rendront impossibles les insuccès, même loin de toute habitation et d'ombrage, sous toutes les températures. Les résultats que l'on obtient sur verre et sur papier ne laissent rien à désirer : le touriste rapportera de ses excursions les plus beaux sites parcourus ; le militaire enverra à sa famille, à ses amis, ses différentes garnisons et l'aspect des pays lointains témoins de ses exploits ; l'écolier en vacances y consacrera ses plus belles journées et réunira dans un album les promenades favorites de la campagne, des bains de mer ou de la montagne. La *Boîte photo-magique* sera pour les voyageurs en général un puissant auxiliaire de passe-temps : la méthode est tellement simple, et le bagage si léger, que chacun voudra conserver la vue préférée du rivage, le sentier solitaire, le glacier, les ruines, les monuments, tout enfin ce qui pourra intéresser le souvenir. L'opérateur le plus novice pourra essayer avec certitude de réussir, le travail étant d'une facilité extrême, à la portée des dames et des enfants.

Avec mon système, il n'est pas besoin de tentes lourdes et embarrassantes pour exécuter les préparations chimiques sur place; celles-ci sont nulles avec les plaques préparées d'avance, lesquelles conservent leur sensibilité plusieurs mois, plus d'une année même ; ce qui en permet le transport à de très-grandes distances. Ce procédé a été couronné des plus heureux résultats, et je tiens à la disposition des personnes qui désirent s'en convaincre une série de vues réunies en *albums artistiques*, qui parleront plus haut qu'un prospectus pompeux.

La *Photo-Magie* est une application spéciale du collodion sec, et si le collodion humide demande plus de soin, plus d'attention, plus d'habitude surtout, une fois la main exercée au premier moyen, qui fait l'objet spécial de cette brochure, le second ne présentera pas de difficultés sérieuses, même en campagne, avec mon *laboratoire portatif* breveté s. g. d. g., forme sac militaire, dont je fais usage moi-même depuis longtemps.

Ces préliminaires établis, et pour me renfermer dans les limites de la vérité, j'ajoute que si la voie sèche peut, dans bien des circonstances, être suppléée à la voie humide, en aucun cas, elle ne pourra, jusqu'à ce jour du moins, donner l'instantanéité : aussi l'emploi du collodion humide sera-t-il indispensable pour faire des vues animées, des intérieurs de villes, des navires agités par l'onde écumeuse, des groupes d'animaux en mouvement, des fêtes et cérémonies. Mais combien de sujets variés n'aura-t-on pas, sans exiger de faire en commençant ce qui est regardé comme l'écueil des plus habiles praticiens ! il faut compter pour beaucoup de pouvoir obtenir, sans avoir aucune notion de l'art photographique, à l'aide des trois petits flacons que renferme la boîte photo-magique, des épreuves de sa propre création, donnant au retour d'un voyage l'immense satisfaction de revoir dans son salon, à l'aide du stéréoscope ou de l'album, tout ce que la nature a de richesses, la réalité venant aider le souvenir. Notre méthode ne manquera pas d'attirer l'attention de nombreux amateurs, qui peu à peu trouveront dans les progrès de chaque jour un attrait incroyable, une occupation nécessaire à la campagne, où les journées paraissent si longues à certaines personnes étrangères aux mystères de l'art. Les enfants se livreront à la photographie ainsi simplifiée avec le plus grand intérêt, et les parents encourageront les dispositions naissantes d'un sentiment propre à développer dans les jeunes esprits la connaissance du vrai et du beau. J'ajoute en terminant que je donne une leçon gratuite expérimentale des deux procédés en livrant la boîte photo-magique ou le laboratoire portatif; des leçons particulières seront en outre données chez moi ou au domicile des personnes qui en feront la demande; le prix en sera fixé d'après la distance et le temps du déplacement. Une leçon bien comprise suffit généralement pour commencer les premiers travaux, à la suite desquels la lecture d'ouvrages plus volumineux et scientifiques viendra compléter l'œuvre commencée, et bientôt l'élève ne tardera pas à devenir aussi fort que le maître, en marchant lui-même à la découverte de nouveaux miracles dans cet art naissant.

La brochure *Photo-Magique* se divise en huit chapitres :

	Pages.
1° Exposé de la Boite photo-magique, du Laboratoire portatif et du Manipulum....................................	9
2° Obtention des images avec glaces préparées d'avance; clichés à conserver pour tirage des épreuves sur papier ou sur verre..	12
3° Préparation des plaques photo-magiques (procédé sec).....	16
4° Procédé au collodion humide.............................	20
5° Impression photographique...............................	21
6° Formules et conseils	23
7° Enluminure et coloris....................................	25
8° Prix-courant de quelques articles et produits spéciaux à la maison..	27

CHAPITRE PREMIER.

La *Photo-Magie* (fig. 1) résume tout ce qu'il y a d'intéressant et de magique dans la photographie, en donnant à l'amateur, à l'enfant même les moyens de faire un portrait, une vue, un *objet d'art*, la *reproduction* d'un tableau, etc., tout *d'après nature* et non à l'aide d'images déjà faites. La boîte *photo-magique*, débarrassée des objets qu'elle renferme, pour les opérations nécessaires au travail des plaques, constitue une véritable chambre noire, qui se place sur un pied ou sur une table, à deux ou plusieurs mètres de la personne, des objets ou du paysage, suivant la grandeur du tableau que l'on veut obtenir.

Mon *laboratoire portatif* a été l'objet d'une note descriptive que je crois devoir reproduire textuellement pour en faire comprendre l'application. (Bulletin de la Société française de photographie, 9e année, n° 6, juin 1863.)

« Ce petit appareil peut être comparé à un sac de militaire pour la forme; l'intérieur est divisé en plusieurs compartiments destinés à recevoir des flacons pour bains, des cuvettes, des glaces, la chambre noire, le réservoir d'eau, etc.; en un mot, tout ce qui est nécessaire pour le travail.

« Les côtés, le dessus et le dessous se développent en forme de volets destinés à garantir de la lumière extérieure, et donnent plus de profondeur pour travailler; le premier, en s'abaissant horizontalement, sert de table. Au côté gauche une ouverture est réservée pour laisser parvenir la lumière nécessaire à travers un verre jaune ou une étoffe de même couleur; on l'augmente ou on la diminue à l'aide d'un store semblable. L'eau indispensable aux différentes manipulations se renferme dans une sorte de poche en caoutchouc, mobile, qui se place sur le sac même et communique à l'intérieur par un tube à l'extrémité duquel se trouve un robinet qui permet de graduer le jet à volonté : l'eau qui a servi au lavage des clichés tombe dans une cuvette également pourvue d'un tube en caoutchouc pour servir à l'écoulement extérieur. Un voile noir, doublé de jaune et fixé au volet supérieur, se rabat et couvre complétement l'avant-corps de l'opérateur en se fixant à la ceinture à l'aide d'un caoutchouc et laissant ainsi entièrement libre le mouvement des bras au milieu de la demi-obscurité de cette chambre improvisée. Le sac renferme encore une planche munie de trois écrous en cuivre sur lesquels viennent se fixer les trois pieds tubulaires qui rentrent l'un dans l'autre et constituent le pied de campagne formant la deuxième partie ci-dessus désignée : à cet état, c'est une excellente pique servant aussi de bâton de montagne. Le pied ainsi établi et posé sur le sol, on fixe sur la planche le sac au moyen de trois vis à oreille pour obtenir une solidité parfaite. En différentes circonstances le sac peut être posé sur un banc, attaché à un arbre à l'aide d'une corde, ou à un mur par un clou; enfin, sur une table ou tout autre objet, dans une chambre, une cabane, etc. Le travail terminé, tout se replie, chaque chose trouve sa place dans un espace de 40 ou 50 centimètres de long sur 30 de haut et 20 de large, et se porte à l'aide de bretelles ou d'une poignée. (Fig. 9.)

« J'opère depuis dix ans, et dans mes précédents voyages j'ai toujours abandonné le collodion humide à cause du bagage embarrassant qu'il nécessitait; depuis l'invention de mon laboratoire portatif, j'opère au milieu d'un champ complétement dénudé d'arbres avec autant de sécurité que dans mon laboratoire de Paris. Cette condition d'opérer en rase campagne est du reste tout exceptionnelle; on trouve presque toujours un arbre qui amoindrit la lumière du haut et souvent une maison hospitalière qui met à votre disposition une chambre ou une cave. Le travail se fait alors comme chez soi; le petit matériel est tout placé d'avance dans ses cases respectives, ce qui évite un déballage de caisse et d'installation.

« On a inventé des voitures très-commodes, sans doute; mais elles coûtent cher et ne peuvent être à la portée de toutes les bourses ; le transport n'est pas moins cher encore, sans compter l'impossibilité de les faire conduire par certains chemins, tandis que le laboratoire portatif se place sur le dos avec la plus grande facilité. »

J'ai apporté une modification dans la manière de poser le voile, afin de donner plus d'aisance aux mouvements de l'opérateur. Mon sac étant fixé et tous les volets développés comme il a été dit, je place deux piquets en avant de chaque côté latéral de l'ouverture pour soutenir la partie supérieure et le voile, celui-ci en tombant jusqu'à terre forme une espèce de guérite légère dans laquelle on règle l'obscurité à volonté par un store jaune : un rideau mobile fait portière et permet d'entrer et sortir. (Fig. 7.)

Manipulum. — Le laboratoire portatif est surtout nécessaire, comme il est dit plus haut, pour le collodion humide et pour les manipulations du collodion sec; mais lorsqu'il s'agit d'une excursion sans espoir de faire des vues animées, on ne se charge généralement que de glaces préparées d'avance, spéciales au procédé *photo-magique*, comme il sera indiqué chap. II et III; dans ce dernier cas le changement de plaques, loin de toute habitation, est un grand embarras pour les voyageurs, et en admettant que l'on trouve sur sa route une maison à proximité, c'est toujours un retard apporté dans la marche et en tous cas une exception : cet inconvénient arrête beaucoup d'artistes et d'amateurs. En reconnaissant la nécessité absolue de changer sur place une plaque impressionnée, pour la remplacer par une vierge encore d'image, et de pouvoir en même temps mettre la première à l'abri de la lumière, j'ai imaginé le *manipulum*, espèce de sac obscur, ne permettant accès qu'au rayon jaune et muni de deux ouvertures latérales donnant passage aux mains et facilitant, ainsi que l'indique la fig. 2, le libre mouvement de celles-ci et la vue par transparence.

La manière de s'en servir est fort simple : sur la même planche qui se trouve vissée sur le pied de campagne et sert de support à la chambre noire, il existe un trou dans lequel on place la boîte à rainures destinée à renfermer les plaques impressionnées ou non : à côté doit être le châssis de la chambre noire, lequel contient, je suppose, la vue qui vient d'être prise. On recouvre le tout avec le manipulum en ayant soin de tirer le dessous jusqu'à 2 ou 3 centimètres du milieu indiqué par une partie d'étoffe jaune, de façon que celle-ci dépassant le dessus de la planche, permette à la lumière du bas de pénétrer en plus ou moins grande quantité, suivant la nécessité, afin que l'œil puisse facilement distinguer les objets placés à l'intérieur. On serre ensuite la coulisse inférieure en l'arrêtant à l'aide d'une boucle sur le pied même : on introduit les deux mains par les manchettes pour opérer le changement des plaques, en ayant bien soin de refermer hermétiquement sur elles la boîte à rainures et le châssis. On enlève le manipulum pour impressionner la nouvelle plaque et recommencer, autant de fois que l'on veut, ce petit travail d'une simplicité extrême et qu'il suffit d'avoir fait une seule fois pour le bien comprendre.

J'ai obtenu par ce moyen, en me servant d'un châssis double, vingt-quatre plaques de suite, et il est possible d'en augmenter le nombre pendant les grands jours : immense ressource pour le voyageur touriste, qui n'aura plus à s'occuper que du choix des sites, sans en compter le nombre, doubler et tripler ses collections, certain du résultat en rentrant chez soi.

CHAPITRE II [1].

COLLODION SEC.

(Procédé photo-magique, épreuves sur verre.)

OBTENTION DES IMAGES SUR PLAQUES PRÉPARÉES D'AVANCE : CINQ OPÉRATIONS
POSE, — DÉVELOPPEMENT, — FIXAGE, — SÉCHAGE, — VERNISSAGE.

Je conseille à toute personne qui profitera d'une de mes leçons expérimentales, d'aborder sans crainte le chapitre III et de préparer soi-même la plaque : mais souvent à distance on est désireux de voir un résultat immédiat, sans être obligé de faire tout le travail nécessaire à la préparation d'une glace sensibilisée; mes plaques sèches dans ce cas seront d'un grand secours aux personnes qui voudront s'affranchir de la partie opératoire sans intérêt.

Quelques praticiens ont imaginé d'ingénieux mécanismes, à l'aide desquels, en poussant un ressort ou tirant une petite ficelle, le travail se fait seul. D'autres ont inventé de petites chambres en miniature pour faire des épreuves de 4 à 5 centimètres qui sont ensuite grandies; le résultat que l'on obtient est dans l'un et l'autre cas très-intéressant; mais il a ses inconvénients, pour le dernier particulièrement : outre le prix très-élevé [2] par suite de la nécessité d'avoir deux appareils, l'un d'obtention, l'autre de grandissement, et l'ennui de ne pouvoir créer directement l'image d'une grandeur même moyenne : il faut se contenter du paysage, le portrait n'admettant pas aussi facilement le grandissement. Laissant toutefois à chacune de ces inventions un mérite bien acquis à la science, nous nous contenterons de dire avec la généralité des photographes, sans compter les insuccès, que le véritable amateur doit suivre pas à pas les progrès de l'image qu'il vient de créer, il faut que son œil pénètre et

---

[1] Ce deuxième chapitre devrait occuper la troisième place, dans l'ordre des opérations, mais nous rappelons à nos lecteurs qui ont quelque expérience en photographie, que nous nous adressons aux commençants, étrangers aux notions les plus élémentaires, désireux de voir en un tour de main, aussi simple que possible, l'image objet de leur convoitise.

[2] La boîte photo-magique n° 1 coûte 20 fr., le pied en bois 6 fr. Voir à la dernière page le prix des autres numéros.

fouille les plus petits détails et qu'il s'arrête au moment où l'ensemble se dessine avec le plus d'harmonie et de légèreté. Quel charme aussi pour soi-même en retirant du châssis une plaque d'un blanc nacré uniforme, de la voir se transformer subitement sous l'influence d'un agent révélateur et montrer aux yeux étonnés l'admirable reproduction d'un point de vue, d'un groupe de personnages, d'un portrait, etc.! En faisant passer le travailleur par tous les degrés de sa création, depuis l'image vague et vaporeuse, jusqu'à la réalité la plus mathématique des lignes, c'est l'instant de fixer son œuvre après avoir jugé sa vérité.

Je suppose maintenant une personne en possession d'une plaque préparée d'avance.

§ I. — *Pose.*

Après s'être placé dans l'obscurité, chez soi, avant le départ, ou dans le *manipulum* (fig. 2), on prend une glace, en ayant soin que les doigts ne touchent que les côtés, tout contact sur le collodion même pouvant donner naissance à des taches; on la place ensuite dans le châssis positif, préalablement ouvert, la surface sensible du collodion tournée vers l'objectif, c'est-à-dire en face de la petite trappe qui se lève de bas en haut pour permettre à l'image de venir s'impressionner : on referme le châssis et, cette première opération terminée, on enlève l'obturateur pour mettre au point sur la glace dépolie, en cherchant, par l'éloignement ou le rapprochement du foyer, l'endroit où l'image paraît plus nettement. (Fig. 6.) Ce point trouvé et l'obturateur remis sur l'objectif, on substitue au châssis dépoli, celui qui contient la glace sensibilisée, en observant que le côté collodionné regarde encore l'objectif et que le voile noir, tout en recouvrant la chambre, ne gêne en rien le travail : on tire la planchette qui met en rapport la surface sensible avec l'intérieur de la chambre noire, puis on débouche d'un seul coup. Par un grand soleil, et si l'objet à reproduire est d'une couleur très-photogénique, comme le blanc et le bleu par exemple, on posera une minute : si c'est à l'ombre, on ira jusqu'à deux ou trois; si enfin le paysage est vert ou de couleur jaune, si le temps est sombre, quatre et même six minutes seront nécessaires.

Un ciel légèrement voilé convient mieux, et si par un beau soleil on obtient plus de rapidité, c'est aux dépens de la beauté du cliché, car les parties lumineuses viennent trop vite et les détails des ombres ne se produisent pas. Le matin et au milieu de la journée il faudra se renfermer dans les limites ci-dessus. Si c'est le soir, et que les rayons du soleil présentent déjà une certaine obliquité, le jaune dominant alors, il faudra prolonger le temps de pose, huit et quelquefois dix minutes. Ce qui précède étant bien compris, on replace vivement l'obturateur devant l'objectif, et après avoir poussé la planchette, on enlève le châssis dans lequel on peut substituer une nouvelle plaque, en renfermant soigneusement la première dans la boîte à rainures, à l'aide du manipulum, et ainsi de suite, autant que l'on voudra collectionner de clichés.

§ II. — *Développement.*

La pose terminée, toutes les plaques ayant été soigneusement conservées dans l'obscurité, on procède au développement. (Fig. 8.) Il faut bien prendre note que la moindre trace de lumière voilerait immédiatement toutes les images.

On commence par humecter la surface du collodion en laissant couler dessus un filet d'eau filtrée, de façon qu'elle soit entièrement couverte par le liquide; ensuite, après avoir versé dans une capsule ou un verre à expérience, cinq à six grammes de développement n° 1, on étend celui-ci d'une seule nappe, pour le recueillir, par l'inclinaison de chaque angle alternativement, dans le même vase.

On verse ensuite dans ce bain quatre ou cinq gouttes de nitrate à renforcer, bain n° 2, et on recouvre de nouveau la couche sensible en continuant de la baigner complétement, recevoir et reverser alternativement, jusqu'à ce que l'image atteigne le degré voulu de vigueur, facilement reconnaissable par transparence, lorsque les parties blanches sont très-accentuées en noir, et les détails des ombres suffisamment indiqués.

§ III. — *Fixage.*

On lave de nouveau sous un robinet d'eau, puis on étend comme précédemment et d'un seul coup la même quantité du bain fixateur n° 3, qui a la propriété de donner à l'image toute la transparence qui lui est nécessaire pour servir de cliché, c'est-à-dire d'un type bon à reproduire telle quantité d'épreuves, sur papier ou sur verre, qu'il convient d'imprimer.

On juge que le fixage est terminé lorsque, regardant du côté opposé au collodion, on ne voit plus de places blanches; à ce moment on lave encore à grande eau la glace, dessus et dessous, puis on procède au séchage.

§ IV. — *Séchage.*

Il faut éviter la poussière et le contact de liquides ou corps étrangers; le moindre attouchement causerait une tache irrémédiable : le moyen le plus simple est de se servir de l'égouttoir disposé à cet effet; à son défaut, on étend une feuille de papier à filtre, sur laquelle on pose les plaques encore humides, en les soulevant sur un angle, à l'aide d'un petit tampon de papier, et les appuyant le long d'un mur ou d'une surface perpendiculaire très-propre; quelques minutes suffisent à un cliché bien aéré pour sécher; il faut ensuite procéder au vernissage.

§ V. — *Vernissage.*

On chauffe la glace légèrement, soit à la flamme d'une lampe à esprit-de-vin ou à la douce chaleur d'un fourneau; celle d'un calorifère est la meilleure et la moins dangereuse pour éviter le contact des corps étrangers sur la couche délicate; on présente le côté du verre seul à l'action des rayons calorifiques dans les deux premiers cas et la surface même du collodion dans le troisième. Cette opération a pour but de chasser le peu d'eau que pourrait encore contenir la couche sur laquelle on verse ensuite le vernis, en prenant la glace par un des angles inférieurs, celui de gauche, entre le pouce et l'index, et inclinant du côté opposé; l'excédant du liquide est recueilli dans un second flacon pour éviter de mettre des impuretés dans le premier.

On chauffe de nouveau et la plaque est ensuite placée sur un angle en soulevant l'autre comme pour le séchage précédent, en observant toujours une grande propreté; quelques minutes après on s'assure avec précaution par le toucher que la couche est bien durcie, avant de renfermer les clichés dans la boîte à rainures ou bien les envelopper séparément dans du papier joseph afin d'éviter le frottement.

§ VI.

Ce dernier paragraphe offre un grand intérêt au point de vue artistique et peut, à lui seul, charmer les loisirs par des reproductions d'une finesse remarquable vue par transparence.

Lorsque l'on est en possession d'un bon cliché négatif, il peut servir à tirer plusieurs épreuves sur verre. On se met à l'abri de la lumière du jour dans une pièce éclairée par un verre jaune ou une bougie, comme pour les opérations ci-dessus; on prend une glace sensibilisée d'avance, dont on applique la surface collodionnée sur l'image même dudit cliché, de façon que ces deux glaces se trouvent juxta-posées; on les place ensuite dans le châssis de la chambre noire, le dos de la seconde, c'est-à-dire celui opposé à l'image, en face de l'ouverture fermée par la petite planchette à coulisse; on tire vivement celle-ci à la lumière diffuse, et non dans la chambre noire, une seconde par un temps lumineux, deux si le ciel est sombre; après avoir repoussé vivement ladite planchette, on rentre dans l'obscurité et l'on opère, pour faire venir et fixer l'image comme il est dit précédemment, au sortir du châssis créateur.

L'épreuve ainsi obtenue est d'une couleur désagréable, pour la faire virer de ton, il faut la plonger pendant deux minutes dans un bain composé de : Eau, 100 gr.; sulfure de potasse (foie de soufre), 4 gr. On lave ensuite avec beaucoup de soin à l'eau ordinaire et l'on procède au séchage et vernissage déjà décrits; la surface sensible se préserve du contact extérieur à l'aide d'un verre dépoli mince que l'on maintient par un encadrement.

CHAPITRE III.

COLLODION SEC.

PRÉPARATION DES PLAQUES PHOTO-MAGIQUES, QUATRE OPÉRATIONS : NETTOYAGE, — SENSIBILISATION, — LAVAGE, — PREMIER VERNISSAGE.

Comme je viens de le dire, en prenant les plaques sensibilisées d'avance, il suffit d'exposer celles-ci, dans la chambre obscure, à l'impression des rayons lumineux, et au bout d'un temps de pose variable suivant l'objet à reproduire et l'intensité de la lumière, on développe et fixe l'image restée latente. Le travail sera compliqué de quatre opérations en sensibilisant soi-même; toutefois un peu de pratique doit assurer le succès.

§ I. — *Nettoyage des glaces.*

Ce premier travail, une des causes principales d'insuccès, demande le plus grand soin et il faut bien se garder d'employer au moment de l'extension du collodion, toute glace sur laquelle l'haleine projetée ne donnerait pas une surface de buée bien uniforme; en cas de stries ou de taches, il ne faut pas craindre de recommencer le même nettoyage. On fait tremper toutes les glaces ensemble, dans un mélange d'eau et de potasse pour le dégraissage des surfaces, puis on lave à l'eau ordinaire; on les frotte ensuite avec un tampon de toile et du blanc d'Espagne délayé dans partie égale d'eau, d'ammoniaque et d'alcool, pour les soumettre à un second lavage et les polir en dernier lieu avec un linge imbibé d'alcool rectifié seul; elles seront enfin enveloppées séparément dans un papier joseph jusqu'au moment de s'en servir.

§ II. — *Extension du collodion*.

Si les glaces sont nettoyées depuis longtemps, on s'assure avec l'haleine d'une buée uniforme ; si elle ne se produit pas, un simple frottement avec du papier joseph suffit quelquefois ; au besoin on emploie encore un peu d'alcool seul ; mais si les taches persistent, il faut les mettre de côté pour un nettoyage général. Admettons que les glaces sont parfaitement propres, pour enlever toute impureté ou corps étrangers à la surface, on passe un blaireau en tous sens. On verse ensuite le collodion préparé suivant l'une des formules qu'il plaira d'adopter (1) à la partie supérieure de la glace, de manière à en mettre une quantité suffisante pour la couvrir entièrement. On lui fait subir une oscillation de gauche à droite en l'inclinant vers l'angle opposé et le plus rapproché du pouce (fig. 8), pour éviter les rides qui ne manqueraient pas de se former dans la masse du collodion en se solidifiant. Tout l'excédant du liquide est reçu dans un flacon sur lequel on a placé un petit entonnoir garni de coton, afin de ne pas mettre d'impuretés dans le premier. On laisse prendre la couche pendant quelques secondes ; aussitôt après la glace sera plongée sans temps d'arrêt dans le bain d'argent.

§ III. — *Sensibilisation*.

Cette opération et celle du développement doivent se faire dans le laboratoire obscur ; la lumière nécessaire au travail n'arrivera que tamisée à travers un verre jaune orangé, en quantité suffisante pour éclairer distinctement tous les objets placés à l'intérieur. Quelques opérateurs se servent simplement d'une bougie, dans un endroit complétement obscur : c'est plus commode, en voyage surtout, l'installation est plus facile ; mais il faudra prendre toutes les précautions nécessaires pour éviter l'inflammation du collodion ou du vernis, de l'alcool, de l'éther, etc., qui servent aux différentes préparations. On place la glace sur le crochet de la cuvette verticale en gutta-percha contenant le bain d'argent n° 7, et on la plonge sans temps d'arrêt, de façon qu'elle soit entièrement recouverte par le liquide, le collodion en dessus ; elle devra y rester jusqu'à ce que la surface blanchie ne présente aucune trace huileuse, soit une minute à peu près ; il n'y aura aucun inconvénient à prolonger l'immersion deux ou trois minutes de plus ; on la retire à l'aide du crochet sur lequel elle posait, après

---

(1) Notre collodion rapide et inaltérable se vend 2 fr. le flacon.

l'avoir soulevée et replongée dans le bain deux ou trois fois successivement, pour enlever les impuretés qui pourraient s'être attachées à la surface et la dégraisser ; l'aspect doit être bien net et sans aucunes stries pour procéder au lavage.

§ IV. — Lavage.

Si nous avions à opérer par procédé humide, il suffirait de mettre dans le châssis et d'exposer immédiatement à la lumière ; mais pour le procédé sec, il est nécessaire, afin d'obtenir de bons résultats, de laver minutieusement la surface du collodion pour enlever tout le nitrate libre et n'avoir qu'une couche d'iodure et bromure d'argent, suivant la composition du collodion. On dispose pour cela trois cuvettes remplies d'eau bien filtrée ; après avoir plongé la glace dans la première, on collodionne et sensibilise une seconde glace ; au bout d'une minute, on retire la première glace pour la mettre dans la seconde cuvette ; la seconde glace est elle-même plongée dans la première cuvette en sortant du bain d'argent pendant que l'on collodionne une troisième glace, pour traiter celle-ci comme les autres, en les changeant alternativement, de façon que la première se trouvera dans la troisième cuvette. On les soulève toutes de temps en temps avec un petit crochet en bois, en baleine ou en argent, pour renouveler l'eau des surfaces. En sortant de la troisième cuvette, la première glace sera encore lavée sous un filet d'eau, puis enfin vernie, et ainsi des autres successivement jusqu'à ce que l'on ait la quantité que l'on jugera nécessaire de préparer d'avance.

Le travail une fois en train, il est facile de faire vingt plaques à l'heure avec un peu d'habitude.

§ V. — Vernissage.

En sortant de la troisième cuvette, on prend de nouveau la glace par le même angle qui a servi à la maintenir pour l'extension du collodion et on verse de la même façon une petite quantité de vernis tannique n° 8, en inclinant légèrement sur le côté opposé au pouce, comme il a été dit pour les précédents vernissages, pour chasser l'eau restée à la surface. Cette première opération est remplacée par une seconde exactement semblable avec une nouvelle quantité de vernis ; on place ensuite la glace verticalement sur un angle, en soulevant l'autre par un petit bourrelet de papier ou un morceau d'allumette, le long d'un mur, ou mieux encore dans une boîte disposée pour cela, pouvant se fermer à volonté, en conservant les glaces à l'abri de la lumière même indirecte, jusqu'au moment où on les enlèvera. Il faut une grande propreté, beaucoup de soin, en garnissant, toujours pour plus de sûreté, la partie sur laquelle reposeront les glaces, avec une feuille chaque fois nouvelle de papier à filtre, comme il a été dit chapitre II, § v. Cette dernière opération, de même que les précédentes, doit se faire dans le laboratoire obscur si c'est le jour, ou dans toute autre pièce qu'il conviendra de choisir le soir, la nuit étant venue, à la lueur d'une bougie.

On me pardonnera les répétitions; ce memento essentiellement pratique, n'ayant qu'un seul but, celui d'initier en peu de temps aux manipulations élémentaires de l'art photographique, en évitant aux amateurs des recherches toujours très-longues.

Les glaces une fois sèches, soit une heure après en été, plus ou moins en hiver, suivant la température, seront renfermées dans une boîte à rainures, hermétiquement close et peinte en noir intérieurement, jusqu'au moment de mettre dans le châssis destiné à recevoir l'impression lumineuse pour obtenir l'image.

Cette première partie du travail, comme on le voit, paraît assez minutieuse; cependant quelques essais donneront vite un bon résultat aux moins habiles.

Les glaces ainsi préparées peuvent se conserver longtemps; il est cependant préférable de ne faire que la quantité à peu près nécessaire pour une excursion ou un voyage, la sensibilité et la transparence des clichés étant toujours d'autant plus grandes, que l'instant de leur préparation aura été moins éloigné. Il y a sept ans, je fis un voyage en Dauphiné, avec la Société de pharmacie, sous la direction du professeur Chatin; j'avais emporté de Paris vingt-quatre glaces préparées à la dextrine et au miel, procédé moins bon que celui décrit dans cette brochure, dont je fis la communication par une lettre à la Société française de photographie, en disant que vingt jours après mon départ, je prenais sur ma dernière plaque une vue d'Allevard; c'était le meilleur cliché de toute la collection que je rapportais. Depuis cette époque, les procédés au tannin de MM. Russell et autres praticiens expérimentés ont remplacé la dextrine; les formules du collodion ayant ainsi subi des modifications sensibles, il en résulte que le succès est infaillible aujourd'hui. Les glaces préparées au tannin conservent leur sensibilité plusieurs mois, et les épreuves qu'elles donnent rivalisent avec les plus belles obtenues sur collodion humide.

Le seul défaut que l'on puisse reprocher au collodion sec, est qu'il exige une pose généralement double; mais le dernier mot n'est pas encore dit : avis aux chercheurs.

Je termine le troisième chapitre en renvoyant au deuxième, § 1 et suivants, pour la pose, le développement des images, le fixage, le deuxième et dernier vernissage. Les glaces impressionnées ayant été soigneusement conservées dans l'obscurité la plus complète, le développement est le passe-temps le plus agréable pour le véritable amateur, et il consacrera sans regret une partie de la soirée, pour voir apparaitre l'image fidèle des sites parcourus.

Que d'agréables instants j'ai ainsi passés après une journée de fatigue, une ascension souvent périlleuse, en voyant reparaitre sous l'influence de la liqueur magique, le rocher péniblement gravi, le sentier solitaire ou l'horizon immense sur lequel l'œil plane et que la photographie seule rend avec tant de vérité en quelques secondes !

Celui qui est à la recherche de sensations agréables, trouvera dans ce simple travail du développement un charme inexprimable.

CHAPITRE IV.

COLLODION HUMIDE.

Tout ce qui a été dit chapitre III, § 1, 2 et 3, s'applique exactement au procédé humide; il est donc facile de s'y reporter et de faire le travail indiqué, avec les modifications qui vont suivre, jusqu'au moment où l'on retire la glace du bain d'argent : on prend celle-ci sur les côtés à l'aide des deux doigts de la main gauche et on essuie avec un tampon de papier joseph le côté opposé au collodion, pour éviter qu'une trop grande quantité de liquide argentifère répandue dans le châssis fasse gonfler celui-ci ou se projette sur la glace, en y déterminant des taches. La pose s'exécute comme il a été dit chapitre II, § 1, depuis l'instantanéité jusqu'à la gradation indiquée dans le même chapitre, suivant l'état du ciel et l'heure à laquelle on opère en tenant compte d'une moyenne de moitié en moins. Le développement se fera aussitôt, sans laver la surface sensible, en versant d'un seul coup une solution de protosulfate de fer n° 9 ; l'image apparait de suite, et si la pose a été convenable, après avoir lavé, on fixe comme pour le collodion sec; mais il arrive souvent que le cliché est trop faible, dans ce cas, il faut le renforcer par le moyen indiqué chapitre III, § II.

Sous l'influence de la solution pyrogallique et argentifère l'image prendra une intensité très-grande que l'on arrêtera à volonté.

Le séchage, le fixage et le vernissage sont identiques. Je n'entrerai pas dans de plus grands détails sur le collodion humide, l'objet principal que je me propose étant le collodion sec.

CHAPITRE V.

IMPRESSION PHOTOGRAPHIQUE.

QUATRE OPÉRATIONS : SENSIBILISATION DU PAPIER, — EXPOSITION A LA LUMIÈRE, VIRAGE, — FIXAGE.

§ I. — *Sensibilisation.*

Pour reproduire sur papier les images obtenues par la voie sèche ou humide, le premier travail à faire est la sensibilisation loin de la lumière blanche. On se procure du papier albuminé (1) que l'on coupe de la grandeur voulue pour l'image à obtenir ; la feuille sera saisie par deux angles opposés (fig. 4), de façon à étendre la surface albuminée sur le bain sensibilisateur n° 4, en faisant toucher le milieu de la feuille le premier et inclinant ensuite les deux bouts sur le liquide pour chasser devant soi les bulles qui pourraient se former et deviendraient des taches irréparables.

On laisse ainsi le papier en contact avec le liquide pendant trois minutes, jamais moins, quelquefois plus, suivant sa disposition à absorber l'argent. Ce temps écoulé, on le retire en le prenant par un angle que l'on replie d'un centimètre à peu près pour le poser sur une ficelle tendue à cet effet, également à l'abri de la lumière (fig. 4); on le maintient ensuite suspendu au moyen d'un petit crochet en bois, semblable pour la forme aux épingles qui servent à étendre le linge.

§ II. — *Exposition à la lumière.*

Le papier sec sera renfermé dans une boîte pour lui conserver sa blancheur et l'empêcher de jaunir, ou mieux encore dans un cahier de papier buvard. Après avoir disposé le cliché dans le châssis reproducteur (fig. 5) sur la glace, le collodion en dessus, on couvre l'image avec la feuille de papier, le côté sensibilisé touchant par juxtaposition ; on la maintient à l'aide d'un léger coussin de ouate sur le-

---

(1) Nous vendons de petits paquets de 100 feuilles de papier albuminé pour portraits, cartes et paysages, d'une grandeur de 7 sur 15, au prix de 1 fr.

quel s'abaisse la planchette que les deux ressorts viennent invariablement fixer pendant tout le temps nécessaire à l'impression lumineuse.

Dans cet état le châssis est exposé à la lumière diffuse; à l'ombre l'épreuve viendra moins vite qu'au soleil, mais elle sera plus harmonieuse et surtout plus durable; le cliché se conservera aussi plus longtemps sans s'écailler. Au bout d'un temps variable, suivant l'intensité de la lumière et la vigueur du cliché, on s'assure de la venue, en soulevant vivement une moitié de la planchette et la rabaissant aussitôt.

Certains papiers s'impressionnent en rouge, d'autres en tons violets ou en brun foncé; il faudra s'arrêter lorsque les blancs commenceront à se teinter et que les détails des ombres auront une tendance à disparaître.

L'image retirée sera de nouveau conservée dans une boite ou dans un cahier de papier buvard et remplacée par une feuille qui sera traitée de la même façon, et ainsi de suite, jusqu'à ce que l'on ait la quantité voulue.

§ III. — *Virage*.

Considérant que l'on opère sur de petites quantités d'épreuves, je prendrai pour base celle que pourra virer notre bain n° 5, et l'opérateur établira le rapport suivant ses besoins. Un gramme de chlorure d'or peut virer deux grosses d'épreuves, soit 288 de 18 centimètres sur 9. L'amateur pourra préparer un virage concentré comme celui que contiennent les flacons de nos boites à impression *photomagique* et ne verser que la quantité juste nécessaire, en l'additionnant d'eau pour ne pas gâter la totalité du virage, dont on doit jeter chaque fois la partie qui aura servi, pour un plus ou moins grand nombre de feuilles.

Lorsque le tirage des épreuves sera terminé, on les plongera séparément dans une cuvette remplie d'eau, puis ensuite de la même façon dans celle où sera préparé le virage; on les agitera continuellement pour éviter la formation de bulles en remplaçant celles qui plongeront en dessous par celles placées en dessus, afin qu'elles se teintent uniformément. Le temps nécessaire à ce changement d'aspect de l'image varie de cinq à vingt minutes.

§ IV. — *Fixage*.

Lorsque les épreuves auront la couleur voulue, elles seront de nouveau mises dans une cuvette d'eau, d'où elles seront retirées pour être plongées sans temps d'arrêt dans le bain fixateur d'hyposulfite nº 6, où elles séjourneront un quart d'heure en les agitant également. Elles seront ensuite lavées dans une première eau, puis dans une seconde et même une troisième; enfin, abandonnées dans une quatrième dix à douze heures; au bout de ce temps, on renouvellera encore l'eau afin d'enlever, s'il se peut, toute trace d'hyposulfite, et chaque feuille sera étendue séparément sur des ficelles, où elles sécheront pour être émargées et collées sur des cartons, ou dans un album, après les avoir cylindrées, afin de leur donner tout le brillant dont elles pourront être susceptibles. (Voir le chapitre II, § VI, pour l'impression sur verre.)

CHAPITRE VI.

FORMULES ET CONSEILS.

Nº 1. Bain révélateur pyrogallique :

    Prenez Eau distillée.................... 300 gram.
        Acide pyrogallique.................. 1 »
        Acide citrique...................... 1 »

Nº 2. Bain à renforcer :

    Prenez Eau............................ 100 gram.
        Nitrate d'argent.................... 3 »

Nº 3. Bain fixateur :

    Prenez Eau............................ 100 gram.
        Hyposulfite de soude .... 40 »

Nº 4. Bain sensibilisateur sur papier :

    Prenez Eau............................ 100 gram.
        Nitrate d'argent fondu.............. 15 »

Nº 5. Bain de virage :

    Prenez Eau............................ 1000 gram.
        Bicarbonate de soude................ 4 »
        Chlorure de chaux................... 2 »
        Chlorure d'or....................... 1 »

Nº 6. Bain de fixage :

    Prenez Eau............................ 100 gram.
        Hyposulfite de soude................ 40 »

N° 7. Bain sensibilisateur pour collodion sec ou humide.

Prenez Eau distillée .... 100 gram.
Nitrate d'argent fondu .... 9 »

N° 8. Vernis tannique pour collodion sec :

Prenez Eau distillée..................... 100 gram.
Acide tannique................... 5 »

N° 9. Bain révélateur au fer pour collodion humide :

Prenez Proto-sulfate de fer................ 5 gram.
Acide acétique..................... 5 »
Eau............................. 100 »
Quelques gouttes de solution argentière
Alcool rectifié..................... 3 »

N° 10. Bain d'encollage :

Prenez Eau............................. 500 gram.
Savon blanc .... 15 »
Colle de Flandre.................. 15 »
Alun............................. 15 »
Faites fondre à une douce chaleur.

Il existe un grand nombre d'autres formules et la quantité en augmente chaque jour; aussi celles qui précèdent ne sont-elles pas une loi, je les donne comme éprouvées.

De nouvelles recherches amèneront infailliblement des perfectionnements dans le travail, et nous engageons les véritables amis de la science à en suivre tous les progrès, soit par la lecture des publications nouvelles, soit par leur concours, comme membres de la Société française de photographie, dans les salons de laquelle le contact d'éminents chimistes, physiciens, opérateurs et chercheurs de haute distinction, donne lieu à des discussions du plus haut intérêt au point de vue de l'art.

Une idée élaborée dans la solitude n'a souvent pas de suite, si son auteur se constitue dans un trop grand isolement; s'il la communique, au contraire, il en résulte presque toujours pour lui la certitude du nouveau ou du connu, de la perfectibilité ou de l'abandon de sa découverte. Je conseille en outre à tous ceux auxquels la lecture de ma brochure aura été de quelque utilité au début de leur travail photographique, d'acheter au moins un des bons ouvrages en publication, afin de s'initier aux causes et démonstrations qui ne peuvent entrer dans le cadre restreint que je me suis imposé.

CHAPITRE VII.

ENLUMINURE ET COLORIS.

La photographie, malgré ses admirables résultats, ne peut encore fixer les couleurs naturelles, et les nombreux efforts des savants ne donnent que des résultats bien incomplets. Quoi, cependant, de plus flatteur à l'œil que le coloris! c'est la vie comparée à la mort; nos saisons ne sont-elles pas l'expression de cette vérité? Quelle sensation différente pour nous en voyant la campagne inondée des rayons du soleil de juillet ou voilée par les brouillards d'hiver après la chute des feuilles!

Si on examine une épreuve photographique au stéréoscope, on y trouve assurément une grande vérité de lignes, de perspective, de mouvement, de relief enfin; mais cela ne suffit pas encore à nos exigences, il manque quelque chose à ces splendides tableaux de la nature, à ces panoramas infinis qui, de nos salons, nous transportent en pleine réalité sur tous les points du monde. Les arbres nous rappellent ceux que l'on voit dans les tableaux de cheveux de nos artistes capillaires, et les différents tons de vert du feuillage ne sont que la différence du noir, du brun ou du blond. Les chemins éclairés au soleil, les pierres, les murs et les toits des maisons ressemblent à des amas de petites cristallisations arrangées sans doute avec un art infini, mais n'offrant rien de la réalité résultant du mélange des sept couleurs du spectre solaire.

En attendant que la science actuelle nous donne cette admirable découverte pour lutter avec la peinture, il faut appeler le pinceau à notre aide et nous faire photographes-paysagistes, coloristes, mais non coloristes dans la chambre ou l'atelier; c'est sur place qu'il faut recueillir l'expression du jour et les teintes inhérentes à chaque pays, à chaque climat. Au moment où l'objectif donne la réalité des lignes et des ombres, le pinceau doit compléter l'œuvre; il faut être artiste en même temps qu'opérateur.

Il ne suffit pas de mettre du vert sur les feuilles pour peindre des arbres, du rouge sur les toits, du bleu dans le ciel pour colorier un paysage; l'heure du jour, la saison, le climat, nous donnent autre chose; il faut à côté du dessin mathématiquement vrai, les tons des couleurs locales. Il est bien plus facile de peindre un paysage qu'un portrait, les nombreuses couleurs d'un site n'offrent pas les difficultés des demi-teintes d'une figure; dans le premier cas, nous n'avons à ménager qu'un ensemble général; dans le second, la moindre surcharge enlève la ressemblance, si l'artiste n'est doué d'un immense talent dans sa retouche. Pour le paysage, en conservant l'ensemble des masses, l'effet sera toujours vrai, les tons de printemps, d'été, d'automne et d'hiver peuvent être mis en comparaison immédiate, et l'œil sera charmé par une sensation palpable.

Le coloris a été employé avec quelques succès pour le portrait par des artistes de talent, mais peu de tentatives sérieuses ont été faites pour le paysage; l'exécution de ce nouveau genre est facile, et si elle n'a pas été réalisée plus tôt, cela tient à ce que la photographie ne sort que depuis peu de temps de la voie trop commerciale où elle était engagée.

Nous avons des photographes réellement artistes; ils se distinguent par la manière d'éclairer et les poses gracieuses qu'ils savent donner à leurs portraits; certains paysagistes se font remarquer par le choix de leurs vues, par l'arrangement des premiers plans, la dégradation des lointains, les effets de nuages qui viennent ajouter au relief mieux exprimé l'effet complet de la perspective aérienne; si ces images avaient le coloris réel, aucun tableau ne pourrait rivaliser.

Suivons donc cette marche progressive vers le beau, recueillons sur l'album le coloris naturel, et ce premier travail nous permettra de reproduire à l'atelier le tableau animé d'une vérité incontestable.

Quelques notions sur le mélange des couleurs mettront vite l'amateur au courant de ce passe-temps : il existe des brochures indiquant les éléments de l'aquarelle que l'on pourra consulter; mais la nature ne donne-t-elle pas le modèle à suivre? et l'intelligence suppléera au talent pour grouper tous les tons.

Il suffit de promener le pinceau avec légèreté sur les parties à enluminer, en employant toujours de préférence des couleurs transparentes, afin de laisser le jeu du relief. En passant plusieurs couches successives, on réussit mieux qu'en cherchant à obtenir du premier coup le ton définitif; il faudra choisir des épreuves peu foncées. Si le tirage n'a pu s'effectuer sur place, comme il arrive en voyage, deux moyens restent : le croquis colorié et une note explicative manuscrite des couleurs.

On chercherait vainement à faire tenir la couleur sur une épreuve albuminée, le papier salé convient mieux pour le travail; mais comme en général les tons sont moins riches, on peut donner la préférence au premier, à la condition d'encoller les épreuves avec le bain n° 10; après avoir été bien trempées et séchées elles prendront la couleur, et si quelques parties s'y refusaient encore, il faudrait y passer le pinceau imbibé de salive ou de blanc d'œuf.

Il y a encore un genre de coloris que les personnes les moins habituées au pinceau peuvent faire : je veux parler de la lithochromie ; c'est un moyen que j'employais il y a trente ans pour faire des tableaux à l'huile avec une lithographie.

L'épreuve photographique sur papier donne un résultat supérieur à cause de la finesse et de la dégradation des demi-teintes.

On choisit une image aussi nette que possible, et sans tache, d'une vigueur moyenne, on la mouille avec de l'eau pour la tendre sur un cadre ; lorsqu'elle est sèche, on la couvre de vernis *photo-chromique*, qui sèche rapidement.

Ainsi préparée, la photographie est propre à recevoir la couleur à l'huile. On élève le cadre de façon à voir l'image par transparence, en l'appuyant, le côté imprimé, sur le carreau d'une fenêtre par exemple. La couleur à l'huile se place à l'envers de la feuille à l'aide d'un pinceau par masses uniformes sans s'inquiéter des détails qui sont faits d'avance par les sels d'or et d'argent.

On tient cependant, autant que possible, compte du rapport des couleurs entre elles ; sur un portrait, par exemple, on placera un peu de rouge sur les pommettes et on fondra le reste de la figure avec le ton clair. Pour les arbres d'un paysage, on mettra un vert clair sur les lumières et un peu plus foncé sur les ombres, ainsi du reste ; par ce moyen, je le répète, on fait des tableaux charmants que l'on vernit ensuite.

On peut encore mettre les couleurs à l'aquarelle derrière une photographie, sans aucune préparation que de la tendre sur un passe-partout ; c'est ainsi que se font les effets de jour et de nuit, les clairs de lune, les illuminations à l'aide de l'aiguille ou de la pointe, des surprises, etc.

Je livre à la méditation des amateurs ce court exposé du travail photographique et des applications qui en sont les conséquences.

CHAPITRE VIII.

PRIX-COURANT

DE QUELQUES ARTICLES ET PRODUITS SPÉCIAUX A LA MAISON.

Boite photo-magique n° 1 *brevetée s. g. d. g.* .... 20 »
(Elle contient : la chambre noire, bois verni noir, munie de son objectif simple à tube, — un châssis mobile et une glace dépolie, — une boîte à rainures et six glaces sensibilisées d'avance qu'il ne faut jamais exposer à la lumière du jour, — un flacon laveur, — deux capsules en verre, — deux entonnoirs,

— six filtres, — un flacon n° 1 de développement, — un flacon n° 2 révélateur,— un flacon n° 3 de fixage,—un flacon de vernis négatif blanc).

Boite photo-magique n° 2, en noyer, avec châssis dépoli indépendant, mobile.. 35 »

Boite photo-magique n° 3, en noyer, avec châssis dépoli indépendant, logé dans le couvercle, -- châssis mobile disposé pour recevoir les plaques au procédé sec ou humide, objectif très-fin à crémaillère, — boite à compartiments pour loger tous les flacons, se retirant à volonté......... 50 »

Boite à impresion photo-magique, contenant 4 cuvettes, un châssis pour imprimer, trois flacons de bains, — un paquet de papier albuminé............................ 20 »

Boite pour préparer soi-même les plaques photo-magiques (collodion sec) pouvant servir également au collodion humide... 20 »

Pied ordinaire pour supporter la boite photo-magique...... 6 »

Pied en noyer... 12 »

Pied de campagne, formé de trois tubes en métal, brevete. s. g. d. g., rentrant l'un dans l'autre, formant pique de montagne, avec la tête articulée, planchette et boite à rainures 1/4 pour manipulum.. 30 »

Laboratoire portatif complet pour collodion sec et humide (forme sac de campement).................. depuis 200 »

Laboratoire portatif complet pour collodion sec.... d° 100 »

Sac laboratoire vide........................... d° 30 »

Fontaine portative en caoutchouc avec robinet............. 12 »

Manipulum pour le changement des plaques sèches en pleine lumière... 10 »

Plaques préparées d'avance, 9 ou 12, au collodion sec ou à l'albumine.................. le portefeuille de 6 3 »
                                              le cent.   40 »

Collodion Marinier, instantané inaltérable, pour procédé sec ou humide.............................. le flacon. 2 »
                                              le litre   15 »
                                              le 1/2 litre 8 »

Nitrate d'argent fondu, garanti pur.............. l'hecto 18 »

Bain de fer.................................... le litre » 75

Hyposulfite de soude........................... le kilo 1 20

Vernis tannique pour collodion sec.............. le flac. 1 »

Vernis négatif	le flacon.	1	»
d° photo-chromique	d°	3	»
Papier albuminé	la main	5	»
d° d° le paquet de 100 feuilles		1	»
d° joseph	la main.	»	50
d° à filtre	d°	»	50
Acide pyrogallique	les 10 grammes.	1	50
d° citrique	d°	»	20
d° tannique	d°	2	»
d° gallique	d°	»	60
Acide acétique cristallisable	le kilo	6	»
Passe-partout pour coloris transparents, illuminés, surprises.	le cent.	10	»
Couleurs liquides, transparentes, spéciales pour la photographie		»	»

Nouveaux transparents, imitant les épreuves sur verre, plus légers, ne pouvant se casser. — Grand choix de Vues, Marines, Groupes, Monuments, etc., sur papier et sur verre. — Clichés pour amateurs. — Stéréoscopes en tous genres. — Albums artistiques, etc.

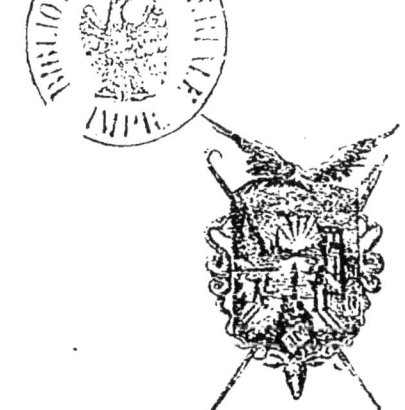

PARIS. — TYPOGRAPHIE WALDER, RUE BONAPARTE, 44.

www.ingramcontent.com/pod-product-compliance
Lightning Source LLC
Chambersburg PA
CBHW050036230526
45470CB00003B/1306